PALIMÓN

El limonero que cambió la economía de una nación

Juan G. Ruelas

ISBN 978-0-9825883-6-9

Copyright © 2010
Juan G. Ruelas

Derechos reservados del autor.

No se permite la reproducción total o parcial de este libro ni su incorporación a un sistema informático ni su transmisión en cualquier forma o por cualquier medio, sea éste electrónico, por fotocopia, por grabación u otros métodos, sin el permiso previo y por escrito de Juan G. Ruelas.

CONTENIDO

Prólogo 7
Capítulo 1 9
Capítulo 2 15
Capítulo 3 21
Capítulo 4 25
Capítulo 5 31
Capítulo 6 35
Capítulo 7 39
Capítulo 8 43
Capítulo 9 47
Capítulo 10 53
Capítulo 11 57
Capítulo 12 65
Capítulo 13 69
Capítulo 14 87
Capítulo 15 91
Capítulo 16 95
Capítulo 17 99
Capítulo 18 101
Epílogo 103

Prólogo

El título del libro Palimón, quien lo lea, puede pensar que sólo tiene que ver con la historia de unos campesinos limoneros de Armatlán, y que el autor sólo narra una historia que está basada en hechos reales. Sin embargo, esta narrativa va más allá de un grupo de campesinos. Usted podrá descubrir que el tema que abraza el autor, es un tema universal. Pronto descubrirá que Palimón, el personaje central, es usted mismo y está luchando en un mundo donde la oportunidad de progresar y triunfar en la vida existe. Dicha oportunidad puede ser alcanzada a través de la determinación y la persistencia.

La persistencia es la clave. Es una de las filosofías que respaldan mis charlas; y precisamente es lo que se encuentra en esta narrativa. Palimón y sus amigos deciden tomar iniciativa debido a la inconformidad de no ganar lo suficiente, ni siquiera para comer. "Toda iniciativa propia nace de la inconformidad", menciona Palimón, siendo esto lo esencial para comenzar cualquier proceso de lucha. Además, después de la iniciativa vienen los obstáculos, la crítica, el desaliento, la falta de participación de otros, el miedo a enfrentar una área donde todo es nuevo; y la inseguridad ataca despiadadamente al grado que muchos no pasan la prueba y retroceden.

Palimón nos enseña a continuar aun cuando todos están en nuestra contra debido a su falta de capacidad para llevar a cabo sus propósitos y lograr sus sueños. Pero todo tiene un precio y ese precio a pagar tiene que ver con la capacitación. Palimón acepta el reto de capacitarse y pagar el precio.

La humildad y el compromiso de Palimón causaron admiración. Eso inspiró a otros a participar activamente con él a capacitarse. Y ahora ya no es sólo Palimón; sino un equipo unido con una sola visión: Liberar a los limoneros de la encubierta esclavitud en que vivían al ser controlados por acaparadores del limón.

El tener un deseo ardiente, el vencer obstáculos, el atreverse a dar la cara, el buscar soluciones y no sólo quejarse, el ponerse de pie y el defender la causa, son temas que podrá encontrar en este libro los cuales son temas muy apropiados para enfrentar la vida. Ya sea en el área de negocios, en la familia, en el matrimonio, en el trabajo o en cualquier inconformidad u obstáculo que tenga en su vida. Palimón nos enseña a estar determinados para vencer obstáculos, a capacitarnos para saber cómo y no sólo hacer las cosas por impulso. La persistencia es la clave de todo, así nos toque recibir paladas de tierra como "el burro", cuento que leerán al interactuar en esta narrativa.

Juan G. Ruelas acaba de anotar un DIEZ con esta historia. Después de leerla me llené de optimismo y confianza. Ya que en ella misma muchos hemos sido inspirados a tomar iniciativa propia, continuar aún cuando parece todo imposible, luchar y defender la causa de liberar a muchos trabajadores y construir líderes que enseñen a otros a triunfar. Juan G. Ruelas ha logrado con su influencia y liderazgo inspirar a una nueva generación de emprendedores. Seguramente en este libro encontrarás el secreto para construir un negocio sólido, productivo y tener una vida plena y feliz. En otras palabras, en este libro encontrarás la PANACEA.

Ramón Hinojos

Capítulo 1

En el valle tropical, dividido por el río, se encuentra el Municipio de Armatlán. Este se localiza en el Estado de Colima, en la República Mexicana. Fue aquí donde se establecieron las plantaciones de limón más importantes de América Latina.

Desde hace muchos años, en esas áreas agrícolas, han convivido los productores de ese cítrico, a pesar de sus diferencias ideológicas y sus diferentes formas de tenencia de la tierra. Los más pobres o los menos pobres, los ejidatarios y los pequeños propietarios han sido víctimas permanentes de la incosteabilidad de sus esfuerzos al trabajar sus tierras.

El problema que estos productores enfrentaban, según sus propias narraciones, fue que allá por los años sesentas del siglo pasado, tenían una sobre-producción de limón, la cual no podían vender a un precio razonable. Al grado que durante muchas temporadas, las cosechas tuvieron que perderse en el campo, o al no encontrar compradores, las tiraban en las orillas del río, de los caminos y de las carreteras.

Lógicamente, los que más sufrieron fueron los pequeños productores, quienes representaban el 75% de los productores de limón de Armatlán, al ser discriminados en la comercialización por los empacadores y los ínfimos industriales de aquella época. Igualmente, eran engañados por los "politiquillos", quienes sólo los utilizaban para sus mezquinos intereses. La central de campesinos sólo aparecía de membrete y al servicio de los gobernantes en turno, desde el más alto nivel hasta los municipales.

Fue en la primavera del año 1968, cuando un grupo de pequeños productores de limón, viajó con muchos esfuerzos y sacrificios a la capital del país, a fin de plantearle el problema directamente al Presidente de la República. ¡Qué ingenuidad! Nunca los recibió el Presidente. Los "pelotearon" hacia varias dependencias y con muchos regateos fueron recibidos por funcionarios menores de la Dirección Federal de Economía Agrícola, quienes sólo les dieron como solución, que tumbaran todas sus plantaciones, porque así era la ley de la oferta y la demanda en el libre comercio.

Posteriormente, en cierta ocasión, por aquel valle andaba de gira política como candidato a presidente, un personaje cuyo estilo era escuchar los problemas más sentidos de la gente. Y fue entonces cuando a un joven campesino se le ocurrió la idea de exponerle al candidato el problema de la comercialización del limón.

Era Palimón, un ejidatario que en todas las reuniones de productores siempre se manifestaba inconforme con la precaria situación de los campesinos. Pero nadie le hacía caso, siempre lo discriminaban por su rebeldía. Él ni se inmutaba, soñaba con que algún día todo mundo podría liberarse de la pobreza y que los jóvenes estudiarían y obtendrían carreras profesionales. Es decir, que supieran hacer otra cosa muy aparte de sólo trabajar en el campo o cortar limón.

Palimón, de su inconformidad de nunca ser escuchado, reunió a tres compañeros suyos. Los invitó a enfrentar al candidato oficial, que sin duda sería el próximo Presidente de la República, y les dijo:

—Tenemos que ver al candidato. Si quiere nuestro voto, tendrá que ayudarnos a encontrar una solución a nuestro problema. No es justo que sigamos en la miseria regalándoles nuestros limones a los empacadores y a los industriales para que ellos se sigan enriqueciendo; mientras que nosotros cada día nos estamos muriendo de hambre. Tengo un plan. Cuando pase la comitiva política, ahí mismo le descargamos todo el limón que cortemos ese día, tapándole el paso ¡y nos tendrá que escuchar!

—Estás loco —se interpuso Delfino— la comitiva presidencial estará protegida por "guaruras" desalmados y entrenados para golpear a quien sea, y vendrán armados, nos golpearán y hasta al "bote" iremos a parar.

> Toda iniciativa propia nace de la inconformidad.

—Tienes miedo Delfino —pensativamente mencionó Palimón, quien era el promotor del plan.— Tú, que diario estás criticando a los dirigentes y políticos. Tú, que tus hijos no van a la escuela porque diariamente junto con la madre los traes cortando limón y que muy apenas ganan para medio comer. Tú, que vives en una casa de cartón con piso de tierra. Tú, que te quejas que prácticamente les regalas el limón a esos sinvergüenzas, que ni siquiera se preguntan si nos pagan aunque sea 'pa comer y que por orgullo mejor decides tirar el limón en los caminos. No puedo creer que tu frustración no te eleve el impulso de hacer lo que tengas que hacer. Entiende Delfino, toda iniciativa propia nace de la inconformidad. Y tú estás inconforme al igual que yo. No tengas miedo. El miedo se quita con la acción.

—Bueno, —intercaló Macario— no es para tanto. Supón que el candidato se baje del autobús y lo enfrentemos. ¿Qué le vamos a decir? ¿Quién le hablará? Si nosotros no somos políticos, muy apenas terminamos el primero de primaria.

—Yo mismo le expondré nuestros problemas —respondió Palimón todo frustrado.

—¿Tú? —dijo Severino— ¿Qué sabes de política? No eres licenciado ni ingeniero. Con trabajos terminaste la primaria y ya te crees que sabes mucho. Eso hay que dejárselo a los diputados o a los senadores. Tú ni siquiera vas a poder hablar. Yo no voy a hacer el ridículo. No me voy a arriesgar a que me den un golpe.

—Escuchen descendientes de Cuauhtémoc, —habló Palimón con voz alzada, sin dejarse influenciar por las críticas de sus compañeros—, si ustedes no quieren acompañarme en el plan, allá su conciencia. Y precisamente por eso, porque no tenemos preparación profesional, por eso hacen con nosotros lo que les da la gana. ¡Cómo vamos a tenerla! Si no tenemos ni siquiera una escuela secundaria, menos un bachillerato y mucho menos una universidad. Nada de eso está a nuestro alcance. Es una buena oportunidad, ahora que anda este candidato en su campaña política porque cuando ya esté en el poder, ni siquiera nos recibirá.

Lo que hay que aprender de Palimón:

1. Tu nivel de frustración determina tu nivel de impulso.

2. Toda iniciativa propia nace de la inconformidad.

3. El miedo se quita con la acción.

4. No te dejes influenciar por las críticas de tus compañeros.

Capítulo 2

Por la noche, Palimón, en su oscura casa, meditaba y se imaginaba a sí mismo hablando con el candidato. Sus pensamientos eran como la llama que despedía la bombilla que lo alumbraba. A pesar de que era ejidatario, no ganaba lo suficiente para tener electricidad en su jacal, una choza donde el techo era de palapa y las paredes de palos enjarradas de barro. Palimón no tenía estufa, cocinaba en un fogón. Era estresante ni siquiera saber si su madre, su esposa y sus cuatro hijos iban a comer o no el día de mañana. Aun así, Palimón navegaba libremente en su mente, soñando que algún día iba a ganar lo suficiente para vivir decentemente.

Por fin llegó el día en que por el municipio de Armatlán pasaría la comitiva política de la candidatura presidencial. A Severino le dio frío y le sacó. Pero Delfino y Macario respaldaron a Palimón y lo acompañaron decididamente.

Dejaron pasar la avanzada de vehículos cargados de "guaruras" y periodistas. Y sorpresivamente, con una agilidad valerosa, vaciaron sobre la carretera muchas decenas de rejas con limones y ¡lograron que el autobús donde viajaba el candidato se detuviera! Inmediatamente fueron copados por muchos elementos de seguridad, quién sabe de donde salieron, sin embargo, el candidato apareció frente a ellos. Palimón, Macario y Delfino, se quedaron impávidos.

El candidato les sonrío y como entendiendo su arrojo, les dijo:

—No me digan que ustedes quieren venderme limones o ¿cuál es su problema?

Con lo anterior, Palimón se llenó de valor y encaró al candidato diciéndole:

—Señor candidato, nuestro problema es que no tenemos a quién ni dónde vender nuestra cosecha de limón. Cuando nos compran un poco, nos la pagan a tan bajo precio que no nos sirve ni para mantener a nuestros hijos, quienes no van a la escuela porque nos tienen que ayudar a cortar limón para que nos quede algo de dinero y poderles dar de comer.

> Palimón se llenó de valor y encaró al candidato.

—¿Cómo está eso? —interrumpió el candidato, como dándoles un regaño— ¡Los niños tienen que ir a la escuela! Ustedes no pueden explotar a sus hijos y todavía privarlos de su educación.

—¿Y qué quiere que hagamos? —respondió airadamente Palimón— ¿que nos "muéramos" de hambre? Por eso mismo necesitamos que usted nos escuche.

El candidato frunció el entrecejo y le preguntó al atrevido campesino:

—¿Cómo te llamas?

—Palimón, señor candidato.

—¿Qué nombre es ese de Pa-li-món? —acotó el candidato.

—Así me puso mi padre, porque dijo que sería productor de palma de coco y limón mexicano, y orgullosamente soy productor de palma de coco y limón —respondió tranquilamente Palimón.

—¡Qué interesante! —comentó el candidato—. ¿Ustedes ya vieron a su gobernador o a los funcionarios federales que se encargan de atender estos asuntos? Porque yo sólo soy un candidato a la presidencia y en estos momentos no estoy en condiciones de intervenir en esos asuntos.

Palimón respiró profundo y mirándole a los ojos al candidato le dijo:

—Mire, Licenciado, el Gobernador y todo ese montón de delegados federales ya saben de este problema. Lo que pasa es que no les importamos. Y si usted, que con nuestros votos llegará a ser presidente, no nos ayuda, entonces ¿quién carajos podrá hacerlo? Por lo pronto, sólo estamos pidiendo que cuando llegue al poder nos escuche y conozca más a fondo nuestras necesidades, nuestros sueños y nuestras esperanzas para salir adelante.

El candidato, hablando apuradamente y despidiéndose les dijo:

—Está bien, les prometo que si llego a ser presidente, los atenderé. Pero les sugiero que se organicen, para que unidos puedan hacer planteamientos y proponer soluciones más fuertes y viables; he dicho.

Cuando terminó aquel brevísimo encuentro, Palimón, de pronto se encontró rodeado de periodistas que le pidieron hacer declaraciones más profundas. Algunos "lidercillos" campesinos que aparentaron solidarizarse con su atrevimiento, le echaron porras. Otros se burlaron de él. Lo criticaron burlándose de que un candidato a la presidencia jamás le haría caso a un campesino analfabeto. Pero Palimón no medía sus propósitos según sus conocimientos, sino que medía sus objetivos a través de un deseo ardiente de encontrarle solución al precio del limón.

> Palimón no medía sus propósitos según sus conocimientos, sino que medía sus objetivos a través de un deseo ardiente de encontrarle solución al precio del limón.

Aquello era increíble. Palimón sintió que ya no estaba tan solo en su meta. Estaba él y su sueño.

Lo que hay que aprender de Palimón:

1. Llenarse de valor y encarar las situaciones.

2. No midas tus sueños según tus conocimientos, sino mide tus objetivos a través de tu deseo.

3. No estás solo; estás tú y tu sueño.

Capítulo 3

Inmediatamente lo que resultó del bloqueo del limón, al paso de la comitiva política presidencial, fue que algunos políticos desde luego se dieron a la tarea de "organizar" a los productores de limón. Creándoles el membrete de la "Asociación Local de Productores de Limón", siendo muy selectivos en los nombramientos de sus dirigentes donde obviamente, a Palimón, ni siquiera de suplente lo incluyeron.

Aquella "organización" de limoneros, estaba representada por puros elementos que aspiraban a puestos políticos, pero entendían que ese movimiento requería de la decisión valerosa de alguien que no tuviera miedo quemarse políticamente y sirviera de "tumba-burro" dando la cara a quien fuera. Por lo que de vez en cuando invitaban a Palimón para que asistiera en ciertas reuniones. Era obvio que sólo querían utilizarlo, porque aquel candidato que prometió escuchar a Palimón, asumiría la Presidencia de la República y supusieron que así mismo cumpliría dando la audiencia prometida al atrevido Palimón.

Lo dicho, se realizaron las elecciones federales y sin ningún problema aquel candidato que regañó a Palimón y a sus compañeros ya estaba predestinado y asumió la Presidencia de la República.

Los líderes de la "Asociación de Productores de Limón", habilidosamente se aliaron uniéndose en sus aspiraciones políticas con los líderes estudiantiles de la "Federación de Estudiantes de Colima". Estos estudiantes, luchaban por rescatar a la incipiente "Universidad de Colima", la cual, se encontraba controlada por los "popis", (así les llamaban a la clase burguesa, descaradamente apoyada por el gobernador del estado). Estos "popis", se resistían al crecimiento y modernización de esa casa de estudios, imponiendo métodos selectivos para que sólo fueran los jóvenes de su clase quienes lograran tener acceso al bachillerato y a escuelas profesionales.

De esta forma, los productores de limón no sólo acudirían a la audiencia presidencial "organizados", sino que habían logrado alianzas políticas con los líderes estudiantiles de Colima. Y como Palimón fue electo Presidente del Comisariado Ejidal de su Comunidad Agraria (Armatlán), pues igualmente invitó a sumarse a otros líderes agrarios. Así se formó una fuerte comisión para enfrentar al Presidente de la República, quien por el conducto de uno de los "grillos" estudiantiles, confirmó la tan esperada audiencia.

Cada quien viajó a la ciudad de México con sus propios recursos. Los dirigentes de limoneros y estudiantes lo hicieron por avión. Palimón y sus "ñeros" hicieron su viaje en el democrático autobús de segunda clase, Flecha Amarilla, junto con chivos, gallinas y pichones que la gente llevaba a la capital a comercializar. Afortunadamente, todos estuvieron puntuales a la cita, la cual se llevó a cabo en la residencia oficial de "Los Pinos".

Lo que hay que aprender de Palimón:

1. Todo movimiento requiere de la decisión valerosa de alguien que no tenga miedo.

2. La puntualidad.

Capítulo 4

Eran las tres de la madrugada de un día de invierno cuando los citó el señor Presidente. Se veía que parrandeaba toda la noche. Esperaron toda la mañana y por fin a la una de la tarde se le ocurrió recibirlos. Todos tenían hambre y frío pero se aguantaban. Y cuando al fin apareció el señor Presidente frente a ellos, sin saludos preliminares ni nada más, abrió la entrevista diciendo:

—Me han informado que son varios los asuntos que quieren tratar y todos los vamos a tratar hoy mismo, así que, ¿quién de ustedes quiere comenzar? Y todos los "grillos" y dirigentes, sin pronunciar ninguna palabra, miraron a Palimón.

Palimón se quedó frío; pero el Presidente increíblemente lo reconoció y parándose de su asiento se dirigió hasta su lugar, le extendió la mano y le dijo:

—A ver, Palimón, dime cómo está eso de que los niños no van a la escuela por andar cortando limones.

—Sí, señor,—respondió aquel humilde campesino, poniéndose de pie— nuestros hijos siguen yendo a trabajar al lado de nosotros porque no hay quien compre nuestra producción a precio justo.

Necesitamos la asesoría para que nosotros mismos podamos tener nuestro propio empaque y nuestra propia industria para nuestra propia producción, previendo además nuestra propia empresa comercializadora.

Los dirigentes quisieron hablar pero el Presidente, sin hacerles ningún caso, se dirigió a su secretario particular, ordenándole:

—Comuníqueme con el Secretario de Agricultura, bueno, mejor dígale que venga para acá.

—¿A esta hora? —preguntó el secretario particular.

—Por supuesto, —añadió el Presidente con voz ejecutiva.

Entre tanto, el Presidente dio oportunidad para que le trataran otro asunto. El líder de los estudiantes se apresuró y expuso:

—Señor Presidente, la Universidad de Colima está en manos de burgueses, es muy elitista. Prácticamente no tiene más de dos carreras profesionales, un solo bachillerato y una sola escuela secundaria.

—Espérame —le acotó el Presidente, y dirigiéndose otra vez al secretario particular, le dijo— hable usted con el Secretario de Educación Pública y dígale que a la brevedad reciba a los estudiantes de Colima para que resuelvan de inmediato el problema educacional que le plantearán. ¡Ahh! Y dígale también que el futuro de México es la juventud y no de viejos como nosotros, para que de una vez por todas se vaya haciendo a esa idea.

Una vez que llegó el Secretario de Agricultura, el mismo Presidente le expuso el problema y le pidió propuestas de solución. El alto funcionario de agricultura le quiso hacer una larga exposición de cómo veía ese gran problema pero el Presidente lo atajó:

—Al grano, señor Merino Rábago, esto es para hoy mismo.

El señor Merino Rábago quien no era un economista, ni un abogado, ni un ingeniero, sólo era un reconocido hombre que ocupaba un puesto por las palancas, pero muy competente en la aplicación de los recursos y con honestidad y sin los odiosos trámites burocráticos abiertamente expresó:

—Mire, señor Presidente, el problema es que tenemos una muy buena productividad de limones en el país. Sin embargo, para el consumo como fruta, llega al consumidor a muy alto precio, provocando enormes excedentes que se derivan a la industria; la cual tiene muy poca capacidad. Además de que la industria sólo se dedica a la extracción de aceite esencial para exportación, y las exportaciones están controladas por la UNPAL, la cual está compuesta por los mismos industriales.

> Frente a los grandes males encontrar grandes remedios.

—Ya es suficiente, señor Merino, —interrumpió el Presidente— usted sólo me dio el trasfondo de este gran problema. Yo le pedí propuestas y soluciones. Vamos a ver si Palimón tiene alguna propuesta para solucionar este asunto.

Palimón, poniéndose de pié, respiró profundamente, como queriendo que su inspiración le llenara la cabeza de imaginación. Hizo una pausa para recordar sus sueños de buscarle precio al limón. Le brillaron los ojos y con voz entrecortada por la emoción asumió la incitación de hacer propuestas de solución:

Gracias, señor Presidente, seré muy breve. Con las palabras del señor Merino, me quedó muy claro que nuestra producción no está siendo bien aprovechada y que estamos siendo víctimas de los grandes males provocados por los especuladores. Está claro, además, que la comercialización está siendo manipulada por un mercado cautivo de los exportadores de aceite de limón y que nosotros estamos indefensos frente a esos sinvergüenzas industriales y comerciantes sin escrúpulos. Yo le voy a proponer, frente a los grandes males encontrar grandes remedios, para liberarnos de ese cautiverio.

—Está bien, está bien, —interrumpió el Presidente— les advierto, las quejas no son propuestas. Palimón, tienes que ser objetivo para que no te "hagas bolas".

—Hacia allá voy, —dijo Palimón, sin inmutarse— lo que yo propongo, primero, es que desaparezca la UNPAL. Luego, que se nos considere sujetos de crédito para formar nuestra propia estructura industrial y organizar nuestra propia comercializadora, y que en nuestra región se abran muchas escuelas secundarias, bachilleratos y que la universidad crezca con muchas escuelas profesionales.

—Bueno, —dijo el Presidente— lo último me parece muy bien, pero si tú quieres que se alcance todo eso, tendrás que dedicarte a que se hagan lo estudios técnicos y socio-económicos en qué apoyarnos para que se vayan construyendo las estructuras e infraestructuras que estás proponiendo.

—Señor Presidente, —replicó sin ningún respeto Palimón— ¿Cómo cree usted que un campesino como yo tenga las habilidades y recursos económicos para efectuar esos estudios técnicos?

—Eso no tiene ningún problema, —expresó muy sonriente aquel ejecutivo y, dirigiéndose al Ministro de Agricultura dijo— Señor Merino, encárguese de que a Palimón se le capacite en todo lo inherente a este problema y que a la organización de limoneros se les proporcione los recursos técnicos y económicos para que inmediatamente me traiga un perfil de una solución integral, donde sean ellos mismos los protagonistas y beneficiarios directos, sin descuidar que todo el Estado de Colima y el país en general se beneficien indirectamente. Bueno muchachos, hemos encontrado una solución. Buenas tardes, aquí los espero, y mientras más pronto regresen, mejor, —terminó el Presidente despidiéndose de mano con cada uno de sus interlocutores.

Palimón, no estaba conforme, y a propósito se quedó al último para despedir de mano al Presidente, y aprovechando aquel momento, le dijo sin soltarle la mano:

—Señor, no creo que esto vaya a darnos el remedio a nuestros males. Nuestra organización de limoneros está dirigida por limoneros políticos que buscan puestos en el gobierno y eso no servirá a nuestros intereses.

Entonces, fue el ejecutivo quien respiró profundamente, y poniéndole la mano izquierda sobre el hombro de Palimón y con un tono prepotente y burlesco, le dijo suavemente:

—Bueno, pues entonces, tienes que ser tú mismo quien me traiga la PANACEA que remediará todos esos males. Tú dijiste que para los grandes males, los grandes remedios. Anda y capacítate para que me traigas la PANACEA que sueñas. Tendrás que apurarte y, cuando la tengas, te vienes conmigo.

Lo que hay que aprender de Palimón:

1. Buscar asesoría.

2. Frente a los grandes males, encontrar grandes remedios.

3. Las quejas no son propuestas.

4. Tienes que ser objetivo para que no te hagas bolas.

5. Tienes que ser tú mismo quien encuentre la PANACEA que remediará todos tus males.

Capítulo 5

Palimón se vino de aquel viaje, muy desconcertado. Creía que el Presidente se había burlado de él. Más aun, cuando los dirigentes ya no lo invitaban a sus reuniones, también se burlaron de él y murmuraban que sólo era un insolente igualado. Decían que buscaba estar "grillando" para obtener algo. Lo criticaron y se burlaron diciendo de que el Presidente de la República jamás le haría caso a un campesino analfabeto. Hasta los líderes estudiantiles le nombraban el "Súper-Grillo" cuando preguntaban por él.

Palimón estaba desilusionado de las actitudes cotidianas que enfrentaban en Armatlán: hipocresías, ingratitudes, egoísmos, individualidades mezquinas, envidias, agresiones, bromas de doble sentido, etc. etc. Todo esto le causaba depresión e incertidumbre al no saber ya qué hacer con tanta basura e indirectas que sentía, todos se le echaban encima. Para solucionar este problema, Palimón primero aceptó la crítica y luego se echó a la crítica encima, acordándose de un cuento:

> Palimón primero aceptó la crítica y luego se echó a la crítica encima.

EL BURRO Y EL POZO

Resulta que una vez el burro de un campesino se cayó en un pozo. Mientras el campesino trataba de buscar algo para sacarlo, el animal lloraba y lloraba durante muchas horas, pues ya estaba viejo y no podía saltar.

Finalmente, el campesino se dio cuenta de que el burro ya estaba muy viejo y que el pozo de agua estaba seco y que necesitaba ser tapado y que de todas formas, realmente no valía la pena sacar al burro del pozo.

Invitó a sus vecinos para que vinieran a ayudarle a tapar el pozo enterrando vivo al pobre burro. Cada uno agarró una pala y empezaron a tirar tierra al pozo. El burro se dio cuenta de lo que estaba pasando y lloró horriblemente. Luego, para sorpresa de todos, el burro se sacudió después de unas cuantas paladas de tierra.

El campesino, después de muchas paladas de tierra, se atrevió a mirar al fondo del pozo para ver cuánto faltaba para sepultar al animal. Se sorprendió de lo que vio. Con cada golpe de tierra, el burro estaba haciendo algo increíble: se sacudía desde el lomo hasta las patas, y daba un paso por encima de la tierra que le caía.

Muy pronto, todos vieron sorprendidos de cómo el burro, paso a paso, llegó hasta la boca del pozo, pasó por encima del borde y de la basura que le echaban y se alejó trotando.

Reflexionando sobre este cuento, Palimón tomó cada una de las críticas como un escalón hacia arriba. Él sabía que podía salir de las críticas más profundas si no se daba por vencido. Usó la tierra que le echaron para salir adelante. Con esta actitud, muy pronto, Palimón terminó por asumir las últimas palabras del Presidente como un desafío y, primero, consultó el diccionario para ver que significaba la palabra "panacea". Sin mucha dificultad la encontró:

PANACEA *(f) - medicamento que se creía podía curar todas las enfermedades. / Panacea universal. Remedio que buscaban los antiguos alquimistas contra todos los males físicos y morales.*

Entonces comprendió que el Presidente la mencionó como una metáfora y, se le abrió el entendimiento llenándose de mucho valor y esperanzas.

Lo que hay que aprender de Palimón:

1. Sé como el burro. Toma cada una de las críticas como un escalón hacia arriba.

Capítulo 6

Por sus propios medios viajó hasta la ciudad de México para buscar al Secretario de Agricultura y exigirle la ayuda para su capacitación. Éste, sin recibirlo, lo mandó al CONACYT, (Consejo Nacional para la Investigación Científica y Tecnológica), un pequeño edificio para una misión tan grande, en donde desde luego se sentía un ambiente de tranquilidad. Ahí lo recibieron, porque amenazó que no se iría hasta que el Consejo compilara toda la información respectiva al limón y, con ella, el mismo Consejo le ayudara a elaborar las posibles soluciones a la industrialización y comercialización del limón. De lo contrario, acudiría con el Presidente de la República para denunciarlos como unos haraganes cobra-sueldos.

El mismo doctor Samaniego, Director de aquel centro de investigación, lo atendió en su pequeña oficina. Era un viejo "lobo de mar", de mirada apacible pero de carácter preciso y honesto. Le ponderó su actitud hablándole con claridad:

—Vamos a ver, señor productor de limón. A mí no me gusta que vengan a quitarme el tiempo ni que me engañen. Dígame la verdad, ¿Cuándo y por qué decidió venir a capacitarse aquí con nosotros? ¿Acaso usted tiene idea de lo que hacemos en este lugar?

Palimón, de pronto, se sintió desconcertado. Movió la cabeza mirando para todos lados y repuso:

—¿Qué clase de lugar es este, un Consejo de Investigación o un confesionario?

—En efecto, —respondió el Director— aquí es un centro de investigación, pero no de enseñanza, creo que lo mandaron al lugar equivocado.

Sin inmutarse, Palimón preguntó:

—¿Alguien ha aprendido algo en este lugar?

—Por supuesto que sí, —afirmó el doctor Samaniego.

—¿Y ha servido de algo lo que aquí han aprendido?

Ahora, Samaniego fue el desconcertado y al sentirse apremiado, generosamente respondió:

> Pues entonces, yo quiero ser uno des esos buenos resultados, porque desde ayer era tarde para comenzar a estudiar cómo se puede resolver el problema.

—Esa es la idea, el propósito. Este consejo es de muy reciente creación y le apostamos a dar buenos resultados.

Y Palimón, un tanto irónico y con un tono "acantinflado" le soltó su rollo:

—Pues entonces, yo quiero ser uno de esos buenos resultados, porque desde ayer era tarde para comenzar a estudiar cómo se puede resolver el problema de liberación de los productores de limón, porque es nuestro sueño salir de la esclavitud en que nos tienen los de la UNPAL.

El doctor Samaniego comprendió que no era fácil negarse con el atrevido y persistente campesino y cambió su posición.

—Comprendo su desesperación y lo felicito por su decisión. Tiene que quedarse aquí mismo para que participe en las labores investigativas. Le proporcionaré un espacio donde pueda dormir. No es el cuarto de un hotel, pero ahí mismo podrá estudiar y descansar. Y todos los días podrá estar en contacto con los investigadores que participarán en este trabajo. Ya el señor Merino Rábago me habló del problema que le planteó al Presidente.

Palimón no tuvo palabras de agradecimiento y se concretó a echarse su mochila al hombro y seguir al director hasta un estrecho cuartito donde se alojaría. Ahí mismo se encontraron con el ingeniero Mixteco, quien se auto presentó ofreciéndole la mano y diciendo:

—Aquí compartiremos esta suite de 5 estrellas, como tú ves, no hay televisión, pero podremos conversar. No hay teléfono, pero podremos usar telepatía para comunicarnos con el exterior.

—¡Jajajajaja! —aceptó Palimón con buen humor— ni falta que me hará, en mi casa no tengo nada de esas cosas.

Lo que hay que aprender de Palimón:

1. Estar dispuesto a APRENDER.

2. Ser atrevido y persistente.

Capítulo 7

Durante poco más de seis meses, a Palimón en su pueblo lo hacían perdido. Durante todo ese tiempo nunca se comunicó con su esposa ni con su madre. Nadie de su familia, nadie, absolutamente nadie, sabía de él, ni siquiera sus amistades. Palimón, había hecho la decisión de enclaustrarse en aquel centro de investigación científica y tecnológica y, no salirse de ahí hasta encontrar la PANACEA que el Presidente le había desafiado a encontrar. Palimón tenía su propósito claro. No había nada que lo detuviera de encontrar la dicha PANACEA, antes que los otros, que se habían mofado de sus intenciones y no quería que terminaran eliminándolo.

No llevaba suficiente ropa, ni suficiente dinero. Y en sus ratos libres, se ponía a hacer el aseo de las instalaciones donde tenía acceso. Y haciendo una comunicativa amistad con el ingeniero Mixteco, se hizo la promesa de aguantar y poder subsistir en condiciones de humildad, pero alimentando su hambre del saber. Expuesto Palimón a un ambiente de investigación totalmente diferente al medio ambiente al que él estaba acostumbrado, rodeado de limones y palmas, sentía que no sabía por dónde comenzar. Palimón sólo contaba con su nobleza, persistencia y ganas de aprender. Entendía que estaba en un campo totalmente desconocido para él. Él estaba dispuesto a seguir instrucciones y a no permitir que el miedo a lo desconocido se escondiera detrás de la arrogancia. Su objetivo era claro. Él estaba ahí para aprender y no para pretender saber lo que no sabía. La humildad de Palimón lo engrandecía. Pues nadie quiere enseñar a un arrogante.

De entrada, el ingeniero Mixteco le cuestionó si sabía el método de aprendizaje autodidáctico MAE.

—¿Qué es eso, de qué se trata? —respondió muy sorprendido y humildemente Palimón.

—Quiere decir MÉTODO DE APRENDIZAJE ESENCIAL, —le contestó el Ingeniero—. A mí me lo enseñó el doctor Samaniego. Este método es un viejo sistema de aprendizaje rápido en los libros donde subrayas lo más importante, lo fundamental, lo que constituya lo más ESENCIAL. Luego, como si fueran piezas de un "rompe-cabezas", al final de cada problema les buscas su acomodo y ya está. En unas horas aprendiste lo que en años te tomaría aprender en las aulas, con maestros que siempre te ven cara de idiota y nunca logras entenderlos. Sólo tienes que tener voluntad, persistencia y ganas, que se ve que las tienes, para aprender con rapidez.

> Recuerda que el ser humano es capaz de hacer según lo que se imagina, y se imagina lo que lee, lo que ve y lo que escucha.

—Pues yo, si veo cómo se hacen las cosas, puedo aprender, —señaló Palimón.

—No andas tan equivocado, Palimón. Recuerda que el ser humano es capaz de hacer según lo que se imagina. Y se imagina lo que lee, lo que ve y lo que escucha. Tú puedes aprender cualquier cosa, así que ¡A subrayar libros!

—Yo puedo aprender cualquier cosa, —acentuó Palimón, hablándose a sí mismo, dándose aires de poder— sólo que si me pescan subrayando libros me botan de este lugar. Creo que mejor será elaborar apuntes por separado.

Lo que hay que aprender de Palimón:

1. No salir de ahí hasta encontrar la PANACEA.

2. Se hizo la promesa de aguantar.

3. Sólo contaba con su nobleza, persistencia y ganas de aprender.

4. Él estaba dispuesto a seguir instrucciones y no permitir que el miedo a lo desconocido se escondiera detrás de la arrogancia.

5. La humildad de Palimón lo engrandecía.

6. Su objetivo era claro.

7. Recuerda que el ser humano es capaz de hacer según lo que se imagina. Y se imagina lo que lee, lo que ve y lo que escucha.

Capítulo 8

Palimón tomó el consejo del ingeniero Mixteco. Pronto la biblioteca fue su lugar preferido. Y con la orientación del doctor Samaniego, se fue directo a los libros y volúmenes que trataban todo lo concerniente al "Limón Mexicano". Algunos libros estaban en inglés, pero ni eso le representó un obstáculo infranqueable. Sin pena ni vergüenza, con mucha frecuencia, se apoyó en la secretaria de Samaniego. Ella ahí mismo disponía de una computadora, en cuyos archivos se encontraban traducidos los textos de inglés al español.

Fueron jornadas muy intensas, pero a medida que Palimón avanzaba, más se apasionaba al ir descubriendo todo un abanico de propiedades del "Limón Mexicano". La lectura de los libros le aclarecían las rutas y caminos hacia dónde dirigirse para encontrar la tan ansiada PANACEA.

La información que capturó, fue increíblemente reveladora:

1. El "Limón Mexicano" tiene propiedades exclusivas frente a todos los demás cítricos. México es el principal productor de limón del mundo. El Estado de Colima es el

primer productor nacional, con propiedades de exclusiva calidad, dadas las condiciones de su altura sobre el nivel del mar, vocación de la tierra y temperatura promedio de estabilidad ambiental.

2. Los derivados en la industrialización del "Limón Mexicano": Aceite esencial destilado, indispensablemente básico para la elaboración de refrescos gaseosos y el aditivo más liviano de lubricación de turbinas aeronáuticas militares y civiles, ingrediente muy eficaz en las pomadas para dolores musculares y reumáticos, aromático básico para perfumería, champús, jabones, etcétera. Ácido cítrico deshidratado para la industria farmacéutica en la producción de la vitamina "C" y el "Ácido acetilsalicílico". Jugos turbios, centrifugados y clarificados para elaboración de detergentes y toda una variedad de aplicaciones industriales. Cáscara deshidratada como materia prima en la extracción de "Pectinas" gelatinosas para diversos usos farmacéuticos e ingredientes especiales de gastronomía. Cáscara escalada como materia prima en la elaboración de productos de belleza y repostería, etcétera, etcétera.

Todo esto, y más, encontró Palimón, que son propiedades exclusivas del "Limón Mexicano" y particularmente, de los limones de Colima. ¡Qué maravilla! Pero lo más importante era que toda la tecnología de industrialización y explotación de todos esos derivados del "Limón Mexicano" no estaba en control de empresarios mexicanos, sino de las Macro-Empresas estadounidenses.

Por otra parte, el "Limón Mexicano", como fruta, para ser consumido directamente por el ser humano, el 99% de la población mundial no lo conocía. Sólo en la República Mexicana era básico su jugo, directamente exprimido por la mano, como ingrediente principal hasta en un plato de frijoles de la olla, en una cerveza, en los tacos, en el pozole, como desodorante, como gelatina para el pelo, como ácido para limpiar fierros viejos, en las cortaduras para matar la infección etc. Y además en algunos estados del sur de los EE.UU., los inmigrantes mexicanos raramente lo econtraban, a muy alto precio y de muy mala calidad.

Lo que hay que aprender de Palimón:

1. No tener pena ni vergüenza.

2. La lectura de los libros le aclarecían las rutas y caminos hacia dónde dirigirse para encontrar la tan ansiada PANACEA.

Capítulo 9

Si bien es cierto, el comercio del limón estaba en manos de mexicanos, desafortunadamente, a los empacadores locales y bodegueros en los grandes centros no les interesaba promover los beneficios de su consumo, ni mucho menos hacer eficiente la comercialización. Ellos estaban cómodos acaparando el producto y vendiéndoselo a la UNPAL. Tenían las cantidades que querían y al precio que sólo ellos querían. El productor ni siquiera sabía con qué propósito le compraban el limón, ni mucho menos en las manos de quién terminaba. Pues los industriales corruptos de la UNPAL, igualmente ponían el precio que les daba la gana, provocando un falso y exagerado excedente de producción nacional.

De tal suerte, la comercialización del "Limón Mexicano" para los productores del campo, era la locura, la ruina y la desesperación. Ni siquiera ganaban para pagar a alguien que cosechara el limón.

Palimón consideró que esta información era sificiente. Le quedó claro el cautiverio del mercado y quiénes eran los carceleros beneficiarios. De inmediato se apresuró a presentarle al doctor Samaniego estas conclusiones:

1. El "Limón Mexicano" está siendo explotado, discriminando a los productores agrícolas, por compañías trasnacionales: por refresqueras Coca-Cola y Pepsi-Cola, las de jabones de tocador y detergentes Procter & Gamble y la Colgate Palmolive Pett. Estas cuatro enormes empresas, impunemente gozan del contubernio de la UNPAL (Unión Nacional de Productores de Aceite Esencial de Limón) membrete al que el Gobierno Federal le estaba otorgando en exclusiva, los permisos de exportación del Aceite Esencial. Los jugos y cáscaras se las regalaban a otros industriales para un proceso preliminar y finalmente fueran a parar a industrias en el extranjero, propiedad de las mismas cuatro empresas norteamericanas. Sólo un mínimo de cáscara era aprovechado como forraje para ganado vacuno. Igualmente, un pequeño porcentaje de jugo se tiraba en fosas de oxidación muy mal diseñadas que estaban contaminando el medio ambiente.

2. El "Limón Mexicano" como fruta no era conocido mundialmente, y en su consumo sólo estaba siendo disfrutado a muy alto precio, por un bajo porcentaje de los consumidores mexicanos, y el 0.002% del resto de la población global.

3. La superficie territorial en la República Mexicana plantada de "Limón Mexicano", era de alrededor de 17,000 hectáreas. En el resto del mundo era de otras 3,500.

En México, las potencialidades de tierra disponibles para la extensión de este cultivo eran de poco más de 100,000 hectáreas en el territorio nacional. Y en el resto del mundo, no se detectaron superficies con la misma vocación y características climáticas a las de México; y menos con las que el prodigio de la naturaleza había dotado a los Municipios de Armatlán y sus alrededores y en el Estado de Colima.

El doctor Samaniego se quedó asombrado por lo que Palimón le estaba mostrando, y exclamó:

—¡Muchacho, esto es una maravilla! ¿Te das cuenta de la enorme riqueza que descubriste? —y dirigiéndose al ingeniero Mixteco, le dice muy molesto:

—¿Por qué tenemos aquí en este centro de estudios a tanto investigador sin iniciativa alguna? Ni que estuvieran tan viejos como yo. ¿Acaso tendremos que meternos también a buscar a los Palimones que vengan a decirnos lo que deberíamos de hacer?

Lo que el doctor Samaniego ignoraba es que lo que impulsa a alguien a investigar algo es tener primero un por qué hacerlo. De nada sirve querer hacer algo si no tienes un por qué. El deseo ardiente que Palimón llevaba en el corazón de buscar un precio decente al limón, lo llevó a poner la acción, de investigar de dónde viene el problema y de lo que se tiene que hacer. El ingeniero Mixteco se sintió humillado pero replicó:

Lo que impulsa a alguien a investigar algo es tener primero un por qué hacerlo. De nada sirve querer hacer algo si no tienes un por qué.

—¿Cómo quiere usted que por el miserable salario que nos pagan, hasta tengamos que presentar iniciativas de investigación para otros y además yo qué iba a hacer con esa información?

Pero la respuesta de Samaniego fue muy feroz:

—Ya déjate de ese prejuicioso hábito de quejarte por el sueldo. Si alguien quiere más y mejores ingresos, pues tiene que tener más y mejor imaginación de iniciativa propia. ¡Es el colmo! —y terminó refunfuñando.

Palimón, cuya sorpresa de aquel descubrimiento ya se le había pasado, y como queriendo hacerle el quite al ingeniero Mixteco, irónico le contestó a Samaniego:

—Descubrir la riqueza no es lo más importante, ni mucho menos quién se la está robando; lo importante es ¿Qué vamos a hacer al respecto y descubrir cómo podemos los productores aprovechar lo que hemos descubierto? Pues una cosa es saber y otra cosa es hacer. Hay mucha gente que sabe mucho, pero hace poco o nada. Nosotros los productores de limón somos justamente sus originales dueños, para que ya nunca más la sigan saqueando. —Y con voz entrecortada, balbució:

—Si los mexicanos encontramos la forma de explorar esa riqueza, esa será la PANACEA que le llevaré al Presidente de la República.

Samaniego le tomó el hombro derecho a Palimón, y con una voz emocionada, le dijo:

> Pues una cosa es saber y otra cosa es hacer. Hay mucha gente que sabe mucho pero hace poco o nada.

—No sé cómo te sientas, pero creo que no puedes irte de aquí solo. Y con esta información, si en verdad quieres que encontremos esa PANACEA, tendrás que seguir aquí mismo encerrado. Los intereses económicos son extremadamente importantes, y cuando se tocan esos intereses, se vuelven los enemigos más implacables y peligrosos. Tendremos que ser muy cautelosos si quieres continuar con esto.

—No importa, —asumió Palimón— aquí me quedaré todo el tiempo que sea necesario, si usted personalmente y el ingeniero Mixteco, me siguen apoyando. Entre los tres, dedicados de tiempo completo, trabajaremos en un estudio digno y en un proyecto viable para ser presentado al Presidente.

El doctor Samaniego, rascándose la calva, levantó su mirada y dijo:

Capítulo 9

—Está bien, Palimón, hoy mismo por la noche vamos a pedirle recursos al señor Secretario de Agricultura para realizar un estudio oficial socio-económico de los productores de limón. En otras palabras, Palimón, vamos a pedir dinero para hacer un estudio oficial y explicar por qué el limón no tiene precio.

Lo que hay que aprender de Palimón:

1. Lo que impulsa a alguien a investigar algo es tener primero un por qué hacerlo.

2. Descubrir la riqueza no es lo más importante, ni mucho menos quién se la está robando; lo importante es qué vamos a hacer al respecto.

3. Pues una cosa es saber y otra cosa es hacer.

Capítulo 10

Y se entrevistaron con el señor Merino Rábago, Secretario de Agricultura. Le pidieron apoyo logístico para que su dependencia realizara oficialmente un estudio socio-económico de los productores de limón, y así asignara recursos económicos para contratar personal especializado en economía e ingeniería mecánica industrial.

Para sorpresa de Palimón, el Secretario de Agricultura se puso de mal humor y severamente les dijo:

—Les pareció gracioso aquel día que por tu culpa Palimón, me pusieron a trabajar en Los Pinos. Ese mismo estudio me pidió el señor Presidente cuando te despediste de él. Hace un par de meses lo terminé. Ustedes para qué carajos lo quieren. Se supone que tú, Palimón, apenas estás iniciando tu capacitación elemental o quizás apenas sabes leer y escribir.

Lo que el Secretario de Agricultura ignoraba es que primero se aprende a leer y luego se lee para aprender.

Palimón se levantó de su asiento, visiblemente molesto, y le respondió al alto funcionario:

—Mire usted, señor Secretario, precisamente por eso lo

necesitamos, porque es elemental que oficialmente se conozcan las condiciones en que se encuentran los productores mexicanos de limón. Así, no seré yo, un productor de limón que apenas sabe leer, quien diga lo que está pasando. Será la verdad oficialmente escrita, y si usted no quiere facilitarme esos estudios, pues tendré que pedírselos al señor Presidente.

El Ministro de Agricultura, con un gesto de apuro y enfado, abrió una gaveta de su escritorio sacando un volumen de tres tomos, y lo aventó en aquel enorme escritorio expresando con decisión:

—Aquí lo tienen, fue realizado por una empresa Europea en coordinación directa por mi secretario particular, ni siquiera he tenido tiempo de leer eso. A ti, Samaniego, te hago responsable del buen uso que hagas de este estudio. Y de lo que me pides para contratar más personal, no es posible, no tengo presupuesto. Pero creo que podrás contar con un joven y brillante economista, el licenciado Ovalle. Y para que contrates un ingeniero mecánico industrial, tendrás que arreglártelas haciéndole ajustes al presupuesto de tu….. "escuelita".

> Primero se aprende a leer y luego se lee para aprender.

Samaniego protestó y rascándose la calva, casi se arranca los pocos pelos canosos que le quedaban:

—¡Señor Merino!, el licenciado Ovalle es el secretario particular del señor Presidente…

El Ministro lo interrumpió:

—¡Era!, el mismo Ovalle pidió ser incorporado en esta Dependencia como Director de Economía Agrícola, espérenme, aquí mismo se encuentra.

En un instante, apareció muy saludador y sonriente el licenciado en Economía, quien una vez siendo enterado del asunto, de inmediato aceptó el encargo.

Y dirigiéndose a Palimón, lo abrazó y le recordó las anécdotas que tuvo con el Presidente, expresándole sus propias coincidencias en la tarea que le había impuesto el Presidente de la República, y chismeándole, que posteriormente le reclamaron los de la UNPAL por haberle creído y darle esperanzas a un simple y pequeño productor de limón.

—Si ustedes hubieran visto, —comentó el licenciado Ovalle— los señorones de la UNPAL se fueron muy tranquilos cuando el señor Presidente les dijo: "Por qué se alarman, a ese microscópico productor de limón, sólo le encargué que me trajera la PANACEA que resuelva los problemas de sus compañeros. ¿Ustedes creen que exista? Váyanse tranquilos, no me digan que le tienen miedo a un sencillo productor"; y cuando presencié aquel detalle del señor Presidente, yo mismo le pedí que me mandara a trabajar en Economía Agrícola.

Todos soltaron una carcajada para concluir aquella audiencia con el Secretario de Agricultura, donde desde luego, afloraba ya una mutua simpatía.

Lo que hay que aprender de Palimón:

1. Primero se aprende a leer y luego se lee para aprender.

Capítulo 11

Buscar a un ingeniero industrial fue una tarea que requería enfoque y perseverancia. No fue nada fácil resolver este problema, pues se necesitaría a alguien que no sólo quisiera un empleo sino a alguien que se apasionara por este proyecto, alguien que tuviera la perseverancia y el endurecimiento de Palimón. Es decir, alguien que entendiera que la diferencia entre una persona que echa a andar algo; y otra que sólo se imagina las cosas y nunca las materializa, es la manera en que ambas invierten su tiempo. El doctor Samaniego propuso que buscaría a un estudiante de ingeniería industrial de pos-grado que estuviese interesado en hacer una tesis doctoral en relación con el limón y, que a la vez, este futuro ingeniero radicara ahí mismo en la ciudad de México. Por casualidad, este ingeniero era hijo de un productor importante de limón en el Municipio de Armatlán. Se le contactó y desde luego aceptó unirse a la causa sin ninguna exigencia monetaria. No había duda que las mentes con un propósito común se atraen.

De inmediato, en el CONACYT (Consejo Nacional para la Investigación Científica y Tecnológica) se reunieron, el doctor

Samaniego, el ingeniero Mixteco, el licenciado Ovalle, el ingeniero industrial y Palimón, el único que no tenía un título, pero sí, una gran visión.

En una de las juntas, el doctor Samaniego propuso y le fue aceptado, que las labores de compilación de los avances únicamente se efectuarían en una sola base de datos, en una sola computadora operada por su secretaria, quien además era su hija. La estrategia con dinamismo fue elaborada para que cada uno de los integrantes de este proyecto escogiera el tema que considerara poder desarrollar en un plazo fijo y sin excusas de ninguna naturaleza.

> Palimón, el único que no tenía un título, pero sí, una gran visión.

El licenciado Ovalle pidió trabajar conjuntamente con el ingeniero industrial a fin de plasmar un proyecto de comercialización e industrialización. El ingeniero industrial objetó, indicando que quería ser independiente, pero el licenciado Ovalle lo convenció con el argumento de que, para pensar en el tamaño de la infraestructura requerida, primero habría que analizarse las potencialidades de producción de materia prima. Y entendiendo eso, estuvo de acuerdo.

El doctor Samaniego se "echó a cuestas" el proyecto para la investigación científica y tecnológica de los derivados del limón, aduciendo: "Hasta que por fin, tendré oportunidad de poner a prueba mi verdadera vocación". Samaniego era Ingeniero Químico Industrial, egresado de la Universidad de Guadalajara, habiendo hecho una maestría en Ciencias Físicas y Matemáticas en la Universidad de Los Ángeles, habiendo merecido el Doctorado en Metodologías para la Investigación Científica, en la "Sorbona" de Paris.

Y Palimón exigió trabajar junto con el ingeniero Mixteco, para diseñar toda la estructura concerniente a la organización jurídica y operativa de una mega empresa que absorbiera la producción presente y futura del "Limón Mexicano". El ingeniero Mixteco, quien era un joven y brillante agrónomo, de rasgos indígenas, egresado de la Escuela Nacional de Agricultura de Chapingo, se inconformó y expresó:

—No, señor, no te parece suficiente Palimón, en estos tres meses que llevas metido aquí, una sola vez he tenido tiempo de visitar mi casa, eres absorbente.

Y Palimón, sonriéndole y abrazándolo, le dijo:

—Ingeniero, tenga la seguridad de que si sus conocimientos no fueran de tanta utilidad para este trabajo, yo no lo hubiera escogido a usted, que es el único con quien siento afinidad en mis sueños de liberación de los productores, ¿o acaso usted no quiere hacer algo por sus compañeros indígenas oaxaqueños?

Y por respuesta, el ingeniero Mixteco, derramó unas lágrimas y dijo:

—Vamos pues "pa'elante".

Así conformaron un gran equipo, en el que trabajarían conectados, para que todo confluyera técnicamente, hasta concluir un gran proyecto en una sola propuesta de solución que la llamaron "Sistema Producto de Liberación para la Industrialización y Comercialización del Limón Mexicano".

—Este demonio de Palimón, —dijo Samaniego, como queriendo justificar su simpatía por la decisión que habían tomado,— nos metió en un lío tremendo, creo que valdrá la pena. Ya es hora de que hagamos algo importante y trascendental para nuestra patria. Tendremos que ser muy cautelosos y precisos en esta tarea, porque si fallamos, de seguro el Presidente nos mandará a todos al diablo, ¡incluyendo a los productores de limón!

Luego preguntó:

— ¿Y sobre qué base de volumen en materia prima vamos a coordinarnos? No me vayan a resultar con que cada quien tiene visiones diferentes.

Esta pregunta desató lo que faltaba: una verdadera cloaca que parecía gallinero en donde cada quien soltó sus puntos oscuros. Samaniego sólo pensaba en un pequeño proyecto de laboratorio en busca de nuevos derivados del limón, y que para estas pruebas, sólo se necesitaría la donación de unas 17 toneladas anuales. El ingeniero Mixteco opinó que tendrían que considerarse únicamente los excedentes de producción que se estaban tirando. El licenciado Ovalle fue un poco más allá, diciendo que el problema se solucionaría considerando alrededor de 10,000 toneladas anuales de cosecha, y el Ingeniero Industrial de pos-grado estuvo de acuerdo con Ovalle.

Increíblemente, Palimón no estuvo de acuerdo con ninguno de aquellos profesionales. Y poniéndose de pie, como era su costumbre cada vez que quería llamar la atención para que se le escuchara, se dirigió al pizarrón. Ni siquiera dispuso de una tiza, tomó una regla de medio metro en la diestra y la comenzó a blandear, diciendo:

—Señores, creo que ustedes no han entendido el fondo del problema, ¿Cómo se puede pensar en un pequeño laboratorio de pruebas cuando los industriales, que son muchos, ya tienen muchos laboratorios de estos. ¿Cómo se puede considerar únicamente resolver la utilización de los excedentes, a sabiendas que esos excedentes son el resultado de la especulación de los industriales? Y ¿Cómo podemos ser tan poquito ambiciosos, calculando una estructura social y una infraestructura industrial que sólo sería aprovechada para un pequeño volumen de 10.000 toneladas de limón anuales. No, señores, tienen que levantar la mira de sus objetivos. El mismo tiempo y esfuerzos que aplicaríamos para hacer ese trabajo mediocre y que en muy poco tiempo quedaría obsoleto, es el mismo tiempo y esfuerzos que podemos aplicar haciendo un trabajo muy serio, con propuestas de proyectos, cuyas realizaciones sean para resolver el problema para las generaciones de nuestros hijos.

—Se los dije, —exclamó Ovalle—. ¿Qué volumen propones Palimón?

—Yo propongo, —apuntándole con la regla a uno por uno de los que estaban sentados—, que trabajemos proyectándolo todo hacia un volumen mínimo de 100.000 toneladas anuales de limón y previniendo el doble de crecimiento en un plazo no mayor de 25 años. Tenemos que aprovechar esta oportunidad, ¡No sean tacaños con las futuras generaciones! —concluyó Palimón, deshaciéndose de la regla que traía en la mano.

Hubo un breve silencio, que enseguida rompió el doctor Samaniego:

—No sé cómo diablos siempre encuentras argumentos para convencerme, porque es verdad que lo mismo podemos hacer un proyecto para diez mil, que para cien mil toneladas, y nos cuesta lo mismo. Además, yo ya tengo casi 70 años y se me está yendo el último tren de las 7. Estoy de acuerdo con Palimón. Trabajaremos todos debidamente coordinados en base a las 100.000 toneladas de limón. Y si lo que se nos paga lo creen insuficiente, tendrán que aguantarse, porque no habrá más de lo que actualmente están ganando. Palimón nos ha enseñado que el deseo debe de ser más grande que el precio que se paga o más bien dicho, lo que nos pagan.

> Palimón nos ha enseñado que el deseo debe ser más grande que el precio que se paga.

Palimón, se sintió muy emocionado, (a pesar de ser el único que no cobraba ningún salario) y quitando la regla de la mesa, se desprendió de un anillo de oro que llevaba en uno de sus dedos. Lo puso sobre la mesa y les dijo:

—Este anillo me lo regaló hace tiempo mi tío Leonardo, como un premio a los buenos resultados que le di comercializando su producción agrícola. Él ya murió. Yo no sé ni cuánto vale este anillo, pero si de algo sirve, yo lo aportaré al final para que entre ustedes lo jueguen en una rifa. Esto es lo único que de momento puedo ofrecerles como premio.

Todos callaron, y el doctor Samaniego conmovido, recogió el anillo de Palimón, le dijo:

—No hace falta, el mejor premio que debemos obtener cada uno de nosotros, será la satisfacción de haber participado exitosamente en la liberación del cautiverio de la ignorancia.

Le regresó su anillo y concluyó la reunión:

—Bueno, señores, esto se está poniendo sabroso, sólo espero que al terminar todo esto, mi premio no sea que me manden al hospital psiquiátrico. Hasta mañana.

Lo que hay que aprender de Palimón:

1. Hay que tener la perseverancia y el endurecimiento de Palimón.

2. Las mentes con un propósito común se unen.

3. Palimón, el único que no tenía un título, pero sí, una gran visión.

4. Trabajar con una estrategia y tener juntas para acelerar la información y evitar la interferencia de los intereses opuestos a las metas.

5. El mismo tiempo y esfuerzos que se aplican para hacer un trabajo mediocre es el mismo tiempo y esfuerzos que se aplica para hacer un trabajo muy serio, con propuestas de proyectos.

6. Palimón nos ha enseñado que el deseo debe ser más grande que el precio que se paga, el mejor premio que debemos obtener cada uno de nosotros, será la satisfacción de haber participado exitosamente en la liberación del cautiverio de la ignorancia.

Capítulo 12

Y pasaron muchos días donde los miembros de este proyecto se fatigaban. Ya estaban enflaquecidos y debilitados por las larguísimas semanas sin poder disfrutar de un ligero descanso dominical. Solamente y en algunas contadas ocasiones, se veían salir a Samaniego a solas y a Palimón acompañado del ingeniero Mixteco, pero lo hacían a muy altas horas de la madrugada, para buscar tacos o tortas, o cualquier lugar donde pudieran encontrar algo para alimentarse. Pero al licenciado Ovalle, junto con el Ingeniero Industrial les gustaba tomarse turnos. Sabían que entre más tiempo invertían, más rápido terminarían. El dinamismo de este equipo era impresionante.

Por fin llegó la fecha convenida, y con caras de pocos amigos se sentaron. Cada quien aportó su trabajo y lo defendió apoyándose en sus investigaciones. Hubo confrontaciones de parte de los miembros. Sin embargo, no buscaban su gloria, sino el éxito del proyecto. La señorita Samaniego, que era muy habilidosa en el manejo de la computadora, consolidó cada trabajo como si fueran las piezas de un "rompecabezas" para irlo armando como un todo.

Aquello no fue fácil. Faltaba afinar los criterios de política empresarial que fijaría los principios rectores de la MISIÓN. Durante tres días con sus tres noches, los miembros del proyecto se enfrascaron en muy buenos debates y discusiones constructivas. La tecnocracia, quería dominar con muy fuertes y contundentes argumentos de tecnología y economía de libre mercado para que la individualidad del hombre destacara como emprendedor. Y la democracia, filosóficamente esgrimía argumentos, con los humanitarismos de sensibilidad, para que todo avance tecnológico-económico fuese para el beneficio de las mayorías, y no representara un retraso científico y económico.

Pero lo increíble, en la medida que avanzaban, parecía que se llenaban de alegría cuando iban encontrando el acomodo de las asimetrías de las piezas del "rompe-cabezas", y a la vez aparecía el justo equilibrio ecléctico del binomio Democracia-Tecnocracia, que finalmente les dio la solución estructural.

Palimón, pegó de brincos y gritando exclamó: ¡esta es la PANACEA!, ¡ESTA ES LA PANACEA!, gracias señores, y todos con lágrimas en los ojos se abrazaron entre ellos, porque sintieron que vencieron los principales obstáculos científico-técnicos. Emocionados decidieron presentar estos resultados al Presidente de la República.

Lo que hay que aprender de Palimón:

1. No buscaba su propia gloria sino el éxito del proyecto.

Capítulo 13

Ni tardos ni perezosos, la mañana siguiente, el día 7 de noviembre, se pusieron de acuerdo para acudir todos juntos a pedir una audiencia con el Presidente.

Cuál sería su sorpresa, el Presidente se negó a recibirlos a ellos solos como grupo. Pidió que le dejaran una copia de los resultados. Pero al siguiente día, habló directamente con el doctor Samaniego y le instruyó que se pusiera de acuerdo con el licenciado Ovalle, para que ellos mismos organizaran una junta de trabajo en la residencia oficial de Los Pinos, a las 13:00 horas del día 20 de noviembre, donde rigurosamente tendrían que asistir: el Secretario de Agricultura, el Secretario de Industria y Comercio, el Secretario de Educación Pública, el Secretario de Hacienda y Crédito Público, el Director de Nacional Financiera, los Dirigentes de los Productores de Limón, los Líderes Estudiantiles de Colima y por supuesto, todo el grupo de trabajo del CONACYT (Consejo Nacional para la Investigación Científica y Tecnológica).

Lógicamente, los Secretarios de Estado quisieron poner cada quien su estilo para establecer la dinámica de cómo se desarrollaría aquella magna "Junta de Trabajo", como la había titulado el señor Presidente, pero la respuesta siempre fue enérgica por parte de Samaniego y Ovalle. El que más obstáculos ponía, era el de Hacienda y Crédito Público, y le tuvieron que decir: "Las instrucciones del señor Presidente son que nosotros somos los responsables de la organización de esta junta, y si usted no quiere asistir bajo estas condiciones, pues dígaselo usted mismo al Presidente".

Por fin, llegó la víspera de aquel día tan ansiado. Palimón y sus demás compañeros ya estaban etiquetados en las cúpulas del gobierno, como el "Grupo CONACYT". Desde muy temprano este grupo se desenvolvía en la Residencia Oficial de Los Pinos, como si estuvieran en su casa. El mismo Presidente había ordenado que se les dieran todas las facilidades para la realización del evento. No obstante, los militares del Estado Mayor Presidencial los veían como "bichos raros", porque a pesar de que el invierno comenzaba crudamente, aquel grupo vestía modestamente con chamarras baratas y sin corbata, pero comían como si hubieran encontrado un oasis en el desierto o más bien dicho, comían como si estuvieran muertos de hambre.

Claro que tuvieron dificultades con los lambiscones que administraban la Residencia Oficial. No obstante, el "Grupo" terminó imponiendo sus determinaciones: escogieron el salón y los muebles. Con nombre y apellido designaron los lugares donde se sentaría cada uno de los asistentes. Aquello más bien parecía un escenario preparado para un encuentro de amigos, y no una "Junta de Trabajo", donde al menos tuviera cada quien una mesa o un pupitre donde se pudieran escribir anotaciones.

Lo más raro fue que se olvidaron de designar en donde estaría el lugar del Presidente. Nadie se percató de eso y así fueron acomodándose conforme fueron llegando los altos funcionarios arrogantes, que impávidos, no sabían en donde sentar a los "achichincles" que siempre los acompañan, y gentilmente los del "Grupo CONACYT" les cedieron sus lugares.

Los Dirigentes de los Productores de Limón y de los Estudiantes de Colima, llegaron en bloque muy bien vestidos con saco y corbata.

Hasta que se llegó la hora y apareció el Presidente y se dirigió al "Grupo CONACYT" (que habían quedado de pie y sin asientos), y sin saludar a nadie expresó:

—¿Están listos? Vamos a comenzar. ¿En dónde está mi lugar?

Sin titubear, Palimón contestó,

—En donde usted quiera, señor Presidente.

El Presidente sonrió de buena gana y dijo:

—Bueno, vénganse conmigo.

Y aquello se volvió un círculo de personas, todas de pie. El Presidente, sin ningún preámbulo protocolario, ni de las ridículas presentaciones y los hipócritas aplausos, esbozó con un buen timbre de voz:

—Señores, estoy informado que todos ustedes fueron invitados para escuchar los resultados de un grupo de trabajo que se instituyó en el CONACYT, para resolver el problema de los productores de limón. Los escucharemos y aquí mismo tomaremos las decisiones que a este gobierno nos toca decidir, así que por favor, quién de ustedes quiere iniciar.

El doctor Samaniego tomó la palabra y dijo:

—Seremos lo más breve posible, Palimón hará la introducción y una propuesta básica, luego continuamos con propuestas directas a la solución. Por favor, tomen sus asientos.

A Palimón se le subió la adrenalina, parecía que le temblaban las piernas, pero se controló y comenzó:

—Señor Presidente, los productores de limón soñamos con la liberación del mercado del limón mexicano. Es decir, soñamos que nuestro limón tenga precio para superar nuestras necesidades económicas y culturales. En estos poco más de seis meses que estuvimos en el CONACYT, pudimos explorar cuales son los principales obstáculos que impiden que el limón mexicano valga; y además descubrimos que sí es posible que el limón tenga precio.

En la ocasión anterior, usted me pidió que le trajera la PANACEA que remediara todos nuestros males, y ¿qué cree?, la encontramos. Es una fórmula simple y sencilla:

1. CAPACITACIÓN
2. COMPETITIVIDAD
3. PANACEA

Consideramos que para el gobierno, no es necesario que ahondemos con estadísticas y datos, que deben ser de su dominio. Por eso iré directo a las propuestas para cada uno de los ingredientes indispensable de esta fórmula.

CAPACITACIÓN

Para lograr el sueño de liberar el limón, es necesario que sea nutrido de capacitación. Es decir, necesitamos suficiente información a través de la educación básica para que nuestros hijos no sólo sepan cortar limón, sino que sepan para qué sirve el limón. Tienen que abrirse las escuelas primarias y secundarias faltantes para que a ningún niño le falte espacio escolar, y a los hijos de personas de bajos ingresos, se le dote de una beca en efectivo y no haya la excusa que las letras no entran cuando hay hambre.

> Para lograr el sueño... es necesario que sea nutrido de capacitación.

El sistema de Educación Oficial tendrá que abrir centros de educación Técnica Media-Superior para los jóvenes que no tengan perspectivas de nivel universitario, y estos puedan tener una salida lateral incorporándose a la fuerza laboral.

La Universidad de Colima, tendrá que ser rescatada del dominio de los "popis" para que también abra sus puertas a los estudiantes de bajos recursos, por lo que tendrá que proyectarse y ejecutarse inmediatamente un crecimiento universitario con los suficientes bachilleratos de diferentes opciones troncales de salidas laterales técnicas.

Esta nueva universidad, para que cumpla con el principio universal de libertad de cátedra, desde luego contratará personal calificado para la creación de nuevas Facultades Universitarias, en las carreras de: Agronomía, Ingeniería Civil, Arquitectura, Ingeniería Mecánica Industrial, Ingeniería Química Industrial, Contabilidad y Administración de Empresas, un Post-Grado en Derecho Corporativo Mercantil, Medicina y Farmacología. Cada una de estas escuelas deberá ser dotada de los más modernos laboratorios de Investigación Científica y Tecnológica, a fin de que los profesionales que ahí se preparen, y no dependan exclusivamente de la información que ya se encuentra mercantilizada por otras instituciones o empresas particulares; y que tengan posibilidades de exploración y descubrimientos para el desarrollo nacional.

Independientemente de la Universidad de Colima, la Secretaría de Educación Pública, creará el Instituto Politécnico de Colima, con cursos intensivos y acreditaciones acumulativas, que les puedan servir a los discípulos de cualquier edad, como tronco común en la continuación de otras carreras profesionales que no se encuentren en la universidad local, como Ingeniería Eléctrica Industrial, Ingeniería en Informática Digital, Ingeniería Átomo-Molecular, etcétera.

Ambas instituciones, serán las responsables de la CAPACITACIÒN y preparación profesional, con metodologías pedagógicas de ideas avanzadas y liberadoras. Además, tendrán la responsabilidad de descubrir la vocación de los jóvenes talentosos y sobresalientes, que serán los "cerebros" mexicanos, los cuales, deberán ser protegidos y ser enviados en intercambios científicos y culturales con las universidades de más prestigio en el extranjero y a su regreso, dotarlos de garantía económica y patrimonial, a fin de que no se vayan al NORTE y puedan estar dedicados a la Investigación Científica y Tecnológica de nuestro México. Y que la CAPACITACIÓN, siempre esté a la vanguardia frente a la competencia mundial.

COMPETITIVIDAD

La competitividad es la "herramienta" con la que se tiene que vencer los obstáculos. Es muy sencillo entender, que si nuestros hijos ya adquirieron la capacitación inherente, pues ya están listos para nutrirse de la información que requieren para ser competitivos frente a otras instituciones o empresas estatales o particulares. Solamente les faltará nutrirse del ingrediente de la honestidad de sus objetivos, y aquí es donde se requiere el compromiso de intereses comunes y progresistas, para adquirir la calidad de liderazgo con credibilidad y probidad, para conformar una red solidaria entre los mismos miembros.

> La Competitividad es la "herramienta" con la que se tienen que vencer los "obstáculos".

En nuestro caso, respecto al limón mexicano, será muy fácil ser competitivos: nuestros sueños son los mismos, nuestra variedad de limón es única en el mundo y por analogía, la calidad de los derivados y sub-derivados igualmente es única, y especialmente los limones de Colima tienen estas cualidades.

Por lo tanto, resulta evidente que a los productores de limón mexicano sólo nos hace falta el "punto de apoyo" que llama credibilidad, porque nosotros somos la "palanca" que es la producción de limones, y esto nadie lo puede negar. Ustedes mismos han escuchado que hay excedentes de producción y hasta en la campaña política del señor Presidente, alguien le interrumpió el paso con suficientes limones.

Inesperadamente, todos los concurrentes se soltaron en

abiertas pero suaves carcajadas. Hasta el mismo Presidente se relajó, palmeándole la espalda y diciendo:

—Más aprisa, Palimón, di de una vez la propuesta para solucionar el problema del limón.

—La propuesta es, que el gobierno de la República nos proporcione el servicio del "Punto de apoyo" para nuestra "palanca", porque el gobierno es el único administrador de nuestros impuestos y se supone que en la democracia, los funcionarios públicos, también son servidores nuestros.

El "Punto de apoyo", será:

1. La creación de la COMISIÓN NACIONAL DE FRUTICULTURA, que tendrá la competencia exclusiva de expedir el "Certificado de Origen y Calidad" de todas las frutas mexicanas, cuyo documento, será indispensable en las aduanas para toda exportación de limón mexicano, sus derivados y sub-derivados. De esta forma, no será necesario que la UNPAL, desaparezca, sólo se le quitará el monopolio de calificar las exportaciones de Aceite Esencial de Limón, que incide directamente en la rentabilidad del cultivo de este cítrico.

2. La Secretaría de Hacienda y Crédito Público, a través de NACIONAL FINANCIERA, aportará recursos para la creación del FIDEICOMISO DEL LIMÓN. La Comisión Nacional de Fruticultura será la fideicomisaria administradora del FIDELIM y los productores organizados que aporten como mínimo un 5% del valor de su producción, serán los beneficiarios cuando se amortice la aportación de Nacional Financiera.

3. La amortización de la inversión en fideicomiso, está calculada a un plazo no mayor de 4 años, y a partir de éste suceso, el FIDELIM se transformará en una Sociedad Mercantil de las denominadas Sociedad Anónima, donde

los productores agropecuarios, tendrán la preferencia en la compra de acciones, hasta adquirir su totalidad del capital social y contable. Mientras tanto, las empresas descentralizadas de gobierno que puedan tener algún vínculo con dichos productores agropecuarios, y los fondos de inversión de los trabajadores, podrán formar parte de la masa de accionistas.

4. La Compañía que nazca de la liquidación del FIDELIM, tendrá que ser diseñada estructuralmente como una gran empresa de clase mundial, pensando en un futuro inmediato, para extenderse en todos los estados de la república mexicana y los países latinoamericanos capaces de producir frutas cítricas y tropicales. En sus cuadros directivos, obligadamente habrá: una Asamblea General de Accionistas, un Consejo Directivo, un Consejo Consultivo de Especialistas, un Director General y un Gerente General Ejecutivo, mas tres Comisarios, que se encargarán de la Vigilancia. Todos estos cuadros tendrán que garantizar una ADMINISTRACION DE CALIDAD TOTAL.

La razón social de la compañía será:

PANACEA S.A. de C.V.
PANAmericana
 Comercializadora de
  Empresarios
   Agropecuarios
    Sociedad Anónima, de Capital Variable

La PANACEA (PANAmericana Comercializadora de Empresarios Agropecuarios, S.A. de C.V.,) será nuestra victoria, y tal éxito, estará garantizado por los siguientes factores:
Primero, la calidad de sus socios, quienes entienden que toda

empresa antes de ser empresa, es humana.

Segundo, los socios están dispuestos a servir a los productores de limón habiendo sido bien capacitados y bien informados de las necesidades de los agricultores de limón.

Tercero, nuestras malas experiencias de que nuestro limón no tuviera precio y la ignorancia que padecimos y que el gran remedio fue nuestra determinación y coraje al decir: "LO HAREMOS". Y al llegar a ser dueños de una empresa de tal magnitud, es porque debimos pasar por muchas dificultades, y algo más, superar una buena cantidad de obstáculos. De tal suerte, estaremos forjados y acostumbrados a que cuando emprendamos algo, nunca dejarlo a medias y; nunca darnos por vencidos.

¿Los resultados? Desde hoy pueden visionarse, percibirse, casi palparse; la victoria de la red de solidaridad y de hermandad de los productores de limón. Y esto se reflejará al ver el crecimiento cultural y económico de Armatlán, donde todos alegres y felices podrán cantar: "No hay medicina que cure; lo que produce la PANACEA es el hambre de los productores de limón. Hambre de que el limón tenga precio, hambre de mandar a nuestros hijos a la escuela, hambre de comer decentemente y no sólo una Coca-Cola con pan, hambre de dormir en una cama y no en el suelo, hambre de tener una vivienda decente, hambre de tener electricidad en la casa, hambre de no vivir en la miseria comiendo migajas.

—Hasta aquí mi intervención, —concluyó Palimón.

Todos se quedaron estupefactos, pues no sabían qué hacer, si aplaudir o bombardear con preguntas a Palimón. Sólo el Presidente se dirigió al Secretario de Industria y Comercio, preguntándole:

—¿Qué le parece, señor Salinas?

Y éste, haciéndose el gracioso, respondió:

—Me parece una conmovedora obra literaria...

De inmediato Palimón lo atajó interrumpiéndolo,

—Es bueno que nuestra propuesta, a usted señor Secretario,

le parezca una obra literaria, y está confesando que lo conmovió. Sin duda que podrá reconocer, que la literatura históricamente ha sido la herramienta más eficaz que transmite los conocimientos para el desarrollo de un pueblo y crecimiento personal de los seres humanos.

Ahora fue el Presidente quien interrumpió a Palimón:

—Es suficiente Palimón. —Y seguidamente le pidió a los del grupo CONACYT que continuaran.

Y de inmediato se pusieron al frente, el licenciado Ovalle y el Ingeniero Industrial, diciendo:

—Ahora les daremos a conocer a grandes rasgos los proyectos de inversión, los detalles los encontrarán en las carpetas que les hemos entregado. FIDELIM, arrancará con:

A. UNA PRIMERA ETAPA en la que dispondrá de:
1. Siete cámaras de refrigeración, con una capacidad de hasta dos mil toneladas de limón. Este frigorífico, absorberá inmediatamente los excedentes de producción en la temporada pico, pignorándolas para sacarlas al mercado en el invierno que es la temporada baja de producción.

2. Una nave techada como primera fase de infraestructura para la selección, tratamiento de beneficio y empaque, de limones calibres número 4 y 5, para ser comercializados en cajas de cartón encerado y treinta libras de peso, con una etiqueta patentada garantizando totalmente su contenido, y una vida de anaquel mínima de 7 días a temperatura ambiental y, de 30 días a una temperatura de 18 grados.

Sólo de por sí, este pequeño esfuerzo estará garantizando la solución del supuesto excedente de producción de limón y por inercia del mercado, los precios del limón como materia prima se elevarán prodigiosamente y los magnates del aceite esencial comenzarán a duplicar sus pedidos previniéndose con existencias como suelen hacerlo en estos casos y los empacadores e industriales locales, empezarán a tratarse mejor con los productores.

En esta primera etapa, se utilizará tecnología de punta, adquirida en las regiones citrícolas de los EE. UU., precisamente en Florida y California. Los terrenos serán donados por el Ejido "Llanos de San Bartolo" y regularizados por la Universidad de Colima. Toda la infraestructura en esta primera etapa, tiene un presupuesto de 40.000.000 millones de pesos y se contempla un capital de trabajo de 10.000.000 millones de pesos.

B. EN LA SEGUNDA ETAPA:

1. La primera nave techada se ampliará un 150% más, donde se alojarán las instalaciones proyectadas, conformando un combinado industrial de unidades diferentes y a la vez interconectadas y susceptibles, para el beneficio, selección, empaque, almacenamiento y refrigeración de frutas cítricas y tropicales para su comercialización inmediata. Porque en la región de Colima, además de limones, hay excedentes de plátanos, cocos, mangos, tamarindos y papayos.

2. Igualmente están proyectadas la instalación de: tres molinos de limón; 13 alambiques de destilación; 7 compresores de refrigeración y un túnel de congelación múltiple; tres calderas para producción de vapor; un "torrente" retornoevaporador; dos secadoras de cáscara de limón; 4 ollas de cocimiento para cáscara escalada; cámaras secas; bodegas de uso múltiple; laboratorios

de investigación y pruebas de gabinete. Además de un sistema de capacitores para la acometida de alta tensión eléctrica, una planta de combustión interna para emergencias de apagones, baños, sanitarios y vestidores colectivos, cocina, comedor, oficinas, etcétera.

Este combinado tendrá la capacidad de poder manejar holgadamente hasta 70,000 toneladas de limón anual, pudiendo, en caso necesario, procesar hasta 100.000 con algunas pequeñas adecuaciones.

En esta segunda etapa, el presupuesto de inversión es de 7 millones de pesos trimestrales, hasta completar una inversión de 37 millones de pesos, moneda nacional, utilizándose la tecnología nacional, que ha demostrado estar en el mejor nivel de competencia.

No obstante, se podrán alquilar transitoriamente a una empresa norteamericana: una raspadora y dos bombas centrífugas para la extracción de aceites y jugos centrifugados y clarificados que demandan algunos pequeños compradores y en un futuro mediato, adquirir máquinas-herramientas de "Ultra-filtración", de tecnología alemana o francesa, que son más modernas, más económicas en su operatividad y con mucho mejor rendimiento y calidad de producción.

El financiamiento de esta primera y segunda etapa, 50.000.000 millones de pesos, más 37.000.000 de pesos, es altamente sustentable, pudiendo amortizarse dentro de un período no mayor de 4 años, por razones muy sencillas:

1. Tenemos disponible la materia prima, a precios altamente competitivos, y calidad indiscutible. Y, con la perspectiva

de rentabilidad del limón mexicano, este cultivo se multiplicará rápidamente en un plazo de tres años.

2. Existe la demanda en crecimiento de los derivados del limón mexicano. Eliminando intermediarios y diversificando los canales de exportación al extranjero, fácilmente estaremos dentro del mercado como los mejormente competitivos.

3. FIDELIM podrá salir al mercado ofertando la mejor calidad, puntualidad y seguridad en el abastecimiento, anunciando su próxima transformación y crecimiento en PANACEA, como la próxima empresa líder en el mercado, y propiedad directa de los productores. Esto, será el mejor atractivo de una cartera de clientes que se irá consolidando en sus planes de negocios.

4. La variedad de un catálogo de productos derivados del limón mexicano ofertados por una sola compañía, no existe en la industria nacional ni extranjera. PANACEA, S.A. de C.V., será la primera y por muchos años, la única.

5. Las cotizaciones de los derivados del limón mexicano son de carácter internacional y se pactan en dólares estadounidenses o libras esterlinas, por lo que no habrá de qué preocuparse por una posible devaluación del peso mexicano. Con este soporte, FIDELIM podrá garantizar ventas mínimas de $5.000.000 (cinco millones) de dólares anuales.

Todo el combinado estará situado en una superficie de 37 hectáreas, con eficiencia de comunicación ferroviaria y carretera, en donde hay espacio suficiente para que la Secretaria de Agricultura, representada por la CONAFRUT, tendrá que instalar un Laboratorio de Suelos y Foliares, adjunto a los laboratorios de la próxima sociedad anónima "PANACEA", y un vivero de investigación de nuevas variedades y patrones de injerto, con venta de plantas certificadas, como una actividad de Extensión y Mejoramiento Frutícola.

—Hasta aquí nuestra intervención, —concluyeron el Ingeniero Industrial y el Licenciado Ovalle, quienes intervinieron alternadamente.

En ese momento, el Secretario de Hacienda y Crédito Público, con un gesto de incredulidad ironizó:

—Muy bien, ahora sólo falta que el licenciado Ovalle nos diga de dónde vamos a sacar los 37 millones de pesos y los 500 mil dólares, porque...

El licenciado Ovalle no lo dejó continuar, y como si ya hubiera previsto esta pregunta, respondió:

—Del Banco de México, señor Secretario, de donde usted mismo cobra su salario. Y si usted tampoco sabe de dónde le llegará ese dinero al Banco de México, por lo menos debe usted saber que para eso es la secretaría que tiene a su cargo. Y para eso, le vamos a dar una propuesta de ingresos: Con sólo imponiendo una contribución de 0.10 centavos a cada botella de refresco de las marcas extranjeras, cuyo consumo nacional es del 97% frente a las nacionales. De esa forma se obtendrán esas cantidades y mucho más; y usted podrá a través de Nacional Financiera otorgar el crédito para el FIDELIM. Esta operación financiera estará prendariamente garantizada con los terrenos y la infraestructura de la empresa.

El Presidente balbuceó en voz baja:

—Esa costumbre de los recaudadores de impuestos, nunca saben de dónde sacar el dinero, ni mucho menos en dónde se pueden invertir para beneficio de quien paga los impuestos.

Y luego se dirigió al doctor Samaniego:
—¿Querías decir algo?
El doctor Samaniego, dijo:
—Sí, señor Presidente, "a mí me tocó bailar con la más fea", miren ustedes.

C. LA TERCERA ETAPA:

Antes de entrar a la propuesta, debo informarles, que para completar el círculo de los derivados del limón mexicano que actualmente existen en el mercado, faltan las "pectinas", que son las sustancias químicas obtenidas del zumo de las frutas cítricas.

Pero el zumo del limón mexicano es el de más alta calidad. Estos zumos se utilizan como el ingrediente indispensable en la producción de "gel" y muchos sub-derivados gelatinosos que se emplean en la microbiología, los países "dueños exclusivos" de su tecnología, nos la devuelven a precios exorbitantes como proteína incolora, vitamina "C", etcétera, y la macro-industria de esos países, la venden a otras industrias como un indispensable material para placas fotográficas, barnices y hasta ingredientes gastronómicos.

El único país en el mundo que descubrió y dominaba la tecnología de las "pectinas" era Dinamarca, pero a raíz de los tratados resultantes cuando finalizó la Segunda Guerra Mundial, esta tecnología se la apropiaron en exclusividad: EE.UU., Inglaterra, Francia y obviamente Dinamarca.

De tal suerte, nos dimos a la tarea de explorar cual sería nuestra posición. Como productores del limón mexicano, hemos logrado, que la empresa líder en esta materia, Copenhaguen, nos ofreciera que en sus planes de inversión, proyectar y de inmediato instalar una planta en el Estado de Colima, garantizándonos comprar totalmente nuestra producción de cáscara deshidratada o fresca. Esto lo consideramos aceptable, esperando que en un futuro no muy lejano, se libere esta tecnología o nuestro sistema de investigación científica encuentre las fórmulas inherentes de competitividad.

Con esa visión, la tercera etapa de este magno proyecto implica desde ahora apuntar a su inminente crecimiento, el cual sólo podrá darse con el crecimiento estructural, legal y humano. Y es aquí donde FIDELIM tendrá que sufrir su metamorfosis, para que surja la PANACEA, S.A. de C.V.

La PANACEA de Colima crecerá hacia las demás regiones mexicanas productoras de limón mexicano y otras frutas tropicales; como son: Veracruz, Tamaulipas, Michoacán y Oaxaca.

En cada una de estas entidades se instalará una planta similar y filial a la de Colima, según sus expectativas de producción de frutas cítricas y tropicales. Para lo cual, los productores de esas regiones nos han manifestado desde luego, su disposición a organizarse y adherirse o asociarse a nuestra PANACEA.

Una vez que hayamos cumplido el ciclo de crecimiento nacional, PANACEA, S.A. de C.V., con el apoyo de nuestros embajadores diplomáticos; buscaremos y encontraremos los vínculos de afinidad hispanoamericana con los productores de frutas cítricas latinoamericanos, en los países hermanos que se encuentran en las franjas norte y sur de los trópicos de Cáncer y de Capricornio, como pueden ser: Ecuador, Perú, Colombia, Venezuela, Nicaragua, El Salvador, Panamá, Cuba, Santo Domingo, Haití y otros; preparando los acuerdos y negociaciones, ya sea con inversiones mancomunadas o de franquicias tecnológicas para la producción y comercio de los derivados del limón. Y nos convertiríamos en la Compañía PANAMERICANA anunciada en su razón social, que con éste prefijo, quiere ponderar un panamericanismo de afinidad de los hispano-americanos como una gran empresa líder y de clase mundial.

Terminando así su intervención.

El Presidente, dirigiéndose a todos, expresó:

—Muy bien, señores. Hemos escuchado la PANACEA de Palimón. Sin duda que los señores secretarios del gabinete económico van a querer estudiarla a fondo, ya son, —miró su reloj— las tres y media….."

Lo que hay que aprender de Palimón:

1. Todo sueño es necesario que sea nutrido de capacitación.

2. Se requiere el compromiso de intereses comunes y progresistas, para adquirir una buena calidad de liderazgo.

3. Toda empresa, antes de ser empresa, es humana.

4. Estar dispuesto a servir.

5. Estar forjado y acostumbrado a cuando se emprende algo, nunca dejarlo a medias.

6. Hambre de encontrar la PANACEA.

7. La literatura, históricamente ha sido la herramienta más eficaz que transmite los conocimientos para el desarrollo de un pueblo y crecimiento personal de los individuos.

Capítulo 14

Y Palimón, inesperadamente se atrevió a interrumpir al Señor Presidente.

—Discúlpeme usted, Señor Presidente, pero ese cuento de que van a estudiar nuestra propuesta ya lo hemos escuchado muchas veces desde hace muchos años, y por lo tanto, yo creo que hasta se han de haber graduado y postgraduado de tanto estudiar nuestro problema.

Usted me pidió que le trajera propuestas concretas de solución. Para lo cual me capacité y formamos un gran equipo. Durante muchos meses nos encerramos estudiando, investigando, informándonos, y pasamos muchos trabajos, hambre, muchas dificultades, carencias económicas, alejados de nuestras familias, y todo, para que se nos diga, que apenas ustedes van a "estudiar" lo que nosotros ya estudiamos. Entonces ¿de que sirvió todo nuestro esfuerzo y sacrificios? ¡Yo cumplí y aquí mismo está la PANACEA QUE USTED PIDIÓ!

El Presidente miró a los ojos de Palimón, quien tenía los ojos enrojecidos por la emoción y sentimiento como se había expresado, y le dijo:

—Siéntate Palimón, todas esas dificultades por las que pasaste, ya me las imaginaba, ya estaba todo previsto. Desde tu encierro en el CONACYT, el nombramiento del licenciado Ovalle, su escasez de dinero y el estudio Socio-Económico, la verdad es que, el Gabinete Económico de este gobierno también tenía instrucciones de adelantar todo lo propio a sus dependencias.

Al escuchar esto último, Palimón se enfureció, pero controlándose pronunció gravemente pero un poco airado:

—Mire usted, Señor Presidente, usted es quien manda y desde un principio creí en sus palabras, nunca pensé que usted jugara conmigo de esa manera. —A Palimón se le soltaron unas lágrimas, como al desilusionado al que le hacen sentir sus torpezas y su corazón lastimado, y continuó diciendo— Señor Presidente, los campesinos como yo, tenemos callos en las manos y en los pies de tanto trabajar la tierra. Tenemos la piel curtida por el sol, pero se nos alegra el corazón e ilumina el pensamiento cuando tomamos la decisión de luchar por la superación de nuestra raza. Y soñamos, que tan pronto como nosotros mismos lo queramos, los obstáculos y las dificultades las vencemos, para alcanzar finalmente la victoria. Así que, desde hoy usted puede mandar a todo su gabinete de gobierno a que siga estudiando, a ver cuando les de la gana resolver el problema del limón. Y, a la PANACEA, que tanto sufrimiento me costó traerle, bótela 'pa la basura, que yo la recogeré para cuando alguien quiera sumarse a ella.

Entonces el Presidente, visiblemente emocionado, puso su mano derecha sobre el hombro de Palimón, y con una sonrisa de satisfacción y convencimiento, levantó las cejas y manifestó en voz alta:

—Eso es precisamente lo que esperaba de este hombre, ¡capacidad de respuesta frente a la crueldad! Tendremos que buscar muchos Palimones.

Y luego dirigiéndose a los demás, continuó:

—Creo que ahora todos ustedes se dan cuenta de la crueldad que representa el estar engañando a los productores de limón y difiriendo o aplazando la solución de este problema. La respuesta de Palimón es la mejor prueba de que ellos también tienen respuestas a la crueldad. No nos engañemos. Desde ahora debemos confiarles a ellos mismos la tarea de impulsar la ejecución de sus propios negocios. Señores secretarios, hagan todo lo que se debe hacer, para que el Grupo CONACYT, sea el impulsor de todas las cuestiones de este proyecto PANACEA, hasta su realización completa, y hasta pronto, buenos días a todos.

Hubo unos leves aplausos para el Presidente, sin embargo, Palimón no aplaudió, se encaminó siguiendo al Presidente para decirle:

—Muchas gracias, señor, y discúlpeme por mis irreverencias.

El Presidente le extendió la mano y le aclaró:

—¿Gracias de qué? Las gracias nos las daremos mutuamente cuando la PANACEA haya cumplido sus objetivos.

—Por mi parte, haré todo lo que sea posible y lo que en mis manos esté, —y con estas palabras se despidió Palimón.

Lo que hay que aprender de Palimón:

1. Se alegra el corazón y se ilumina el pensamiento cuando tomamos la decisión de luchar por la superación de nuestra raza.

2. Capacidad de respuesta frente a la crueldad.

3. Confiar en el individuo mismo la tarea de impulsar la ejecución de su propio negocio.

Capítulo 15

Cuando ya venía de regreso a su pueblo, Palimón se encontró en la terminal de autobuses con el Ingeniero Industrial, quien igualmente viajaba para visitar a su padre en Armatlán, y con el runrunear del democrático autobús, el ingeniero le preguntaba:

—Oye, Palimón, cuando estabas metido estudiando con tantas dificultades y carencias; con tantos obstáculos que yo los veía casi imposibles de solucionar, ¿no te dieron ganas de mandar al carajo todo eso?

Palimón le contestó:

—No sólo me dieron ganas de mandar todo al carajo, sino también de apretarle el cuello a la secretaria cada vez que se molestaba cuando le pedía ayuda para las traducciones en la computadora. Me decía: "Espéreme hasta la noche cuando termine mi turno, y ya déjese de pronunciar esas palabrotas, usted ya es un 'Licenciado' y de aquí va a salir diplomado." A mí me fastidia dejar a medias cualquier cosa, no me gustan los halagos y con tanto peloteo pa'rriba y pa'bajo en que nos han traído los que pueden resolver las cosas. Y con tanto engaño de los que dicen saberlo todo, pues me dije, como el proverbio chino: "SI ME LO CUENTAN NO LO CREO; SI LO VEO LO DUDARÉ, PERO SI LO HAGO LO SÉ." Y a propósito de esto último, Ingeniero, ¿Tú crees que tu papá quisiera donar un pedazo de su terreno pegado al pueblo para que ahí se haga un bachillerato?

El Ingeniero se sonrió y contestó:

—Eres una fiera. Si tú le llegas con esa elocuencia que tienes para conseguir las cosas, no creo que se niegue.

Lo que hay que aprender de Palimón:

1. Es fastidioso dejar a medias cualquier cosa.

Capítulo 16

En el pueblo, ya todo mundo sabía de la hazaña de Palimón. Se había ganado el respeto como todo un líder, no sólo con palabras sino con hechos. Había conseguido su propósito. La gente lo trataba con cierto respeto. Y aunque se aproximaban las fiestas religiosas de diciembre, él seguía embullado con su Panacea.

Desde luego, se entrevistó con el dueño de "La Limonera". Era un predio baldío, propiedad privada, pegado al caserío. Le explicó la posibilidad de construir una escuela secundaria en ese lugar. Don José, que no vivía en Armatlán y sólo estaba de visita con sus familiares con motivo de las fiestas decembrinas, se negó. Palimón, no se dio por vencido y, le argumentó:

—Mire señor, usted taló todos los limones porque no le resultaban ningún negocio. Las razones por las que no valen los limones es por la ignorancia de nosotros los productores. Esa escuela servirá para educar a nuestros hijos, para que un día ellos no tengan que tumbar sus pequeñas plantaciones de limón. Su terreno, ahora está sin ningún provecho; y si se construye ahí una escuela secundaria, sus terrenos subirán de valor y podrá fraccionarlos, ¿Qué le parece?

El argumento funcionó y Don José, haciendo conciencia, donó la superficie necesaria para la construcción de la primera escuela secundaria.

Lo que hay que aprender de Palimón:

1. Ganarse el respeto como todo un líder, no sólo con palabras, sino con hechos.

2. **Enfoque.** *("Se aproximaban las fiestas religiosas de diciembre, sin embargo, él seguía embullado con su Panacea.")*

Capítulo 17

Enseguida, visitó al papá del Ingeniero Industrial, quien era el productor de limón más importante del municipio de Armatlán y que igualmente poseía su rancho pegadito al pueblo. El papá del ingeniero era un viejo y prestigioso abogado, ya jubilado y con él no hubo necesidad de "echarle tanto rollo", porque también había asistido a las audiencias con el Presidente de la República. Así que él mismo tomó la iniciativa diciendo:

—Mira, Palimón, ya imagino que tu visita no me va a salir gratis. Vienes a pedir limosna para hacer caridad. ¿Se trata del bachillerato, verdad? No te preocupes, mi hijo y yo ya hablamos, ponte de acuerdo con él para que haga el levantamiento topográfico y de ubicación, y tú mismo redacta el documento preliminar donde me comprometo a ceder, a título gratuito para el bachillerato, la superficie de terreno a la Universidad de Colima. Lo firmaré en cuanto me lo traigas.

Lo que hay que aprender de Palimón:

1. Persistir.

Capítulo 18

De esta forma arrancó la ejecución del proyecto PANACEA, y en muy poco tiempo, los hijos de los productores de limón y de los trabajadores en general tuvieron una Escuela Secundaria Federal y un Bachillerato de la Universidad, la cual, una vez que fue rescatada de los "Popis" de Colima, creció prodigiosamente. Y ahora, una enorme cantidad de sus egresados, son los hijos de los limoneros de Colima. Y también muchos hijos de trabajadores cuyos padres soñaron en darles capacitación y éxito para su desarrollo económico y cultural.

FIDELIM, desde su inicio fue el factor determinante para que se dispararan los precios del limón y sus derivados. Y por supuesto, los productores estaban contentos porque el limón había sido liberado. FIDELIM cumplió su ciclo y se transformó en la PANACEA (Panamericana Comercializadora de Empresarios Agropecuarios, S.A. de C.V.). Su crecimiento y eficiencia le valió ser clasificada, como estaba previsto: LA EMPRESA LÍDER MUNDIAL en los derivados de limón mexicano.

Lo que hay que aprender de Palimón:

1. Encuentra tu PANACEA.

Epílogo

En Palimón, el autor nos presenta la historia de un hombre que a pesar de no tener educación, ni posición económico-social de influencia, sin ser un político, ni un revolucionario, lucha por hacer realidad un sueño que abriga dentro de sí, luchando en contra de obstáculos que a simple vista parecen imposibles.

Palimón es un productor de limón en el valle tropical del Estado de Colima, que enfrenta, junto con los demás productores de limón, la trágica realidad de vivir a la merced de los especuladores avaros. Estos se enriquecen al mantener el monopolio de la reventa del limón a compañías extranjeras, aunque eso signifique la ruina de la mayoría de los mismos compatriotas agricultores, quienes al ver que su producción de limón no tiene mercado, ni precio, se ven obligados a tirar el limón incurriendo así en grandes pérdidas.

"Toda iniciativa propia nace de la inconformidad", dice Palimón.

Y en esa inconformidad, Palimón toma la iniciativa y ataca el miedo con la acción. Desde el principio, se enfrenta con oposición, con personas que pretenden desanimarlo, o intimidarlo, pero él está resuelto, caminará el camino que le sea necesario para lograr su propósito.

Primero, expone su causa al candidato a la presidencia nacional, el cual le promete escucharlo cuando sea elegido Presidente. Luego, la presenta delante del ahora elegido Presidente. El sueño de Palimón no es pequeño. Él sueña con escuelas primarias y secundarias en su pueblo, sueña con escuelas preparatorias, con universidades y con tecnológicos; lugares en los cuales los hijos de los productores de limón se capaciten, eduquen y preparen para ser los líderes que liberen el limón de manos extranjeras; y lo pongan en las manos de aquellos que trabajando la tierra lo producen. Que sean los mismos productores de limón quienes tengan la posibilidad de empacarlo, industrializarlo y comercializarlo.

Encontramos a Palimón encerrado en el CONACYT estudiando, capacitándose, investigando, relacionándose con personas educadas que le ayudan en su esfuerzo de encontrar la PANACEA. Palimón, soy yo y eres tú, amigo lector. Palimón es el hombre y la mujer que anida en su corazón un sueño muy grande de conquistar, de vencer, de triunfar, de abrir camino para que nuestros hijos no vivan en la ignorancia ni en la limitación. Los obstáculos de Palimón son nuestros obstáculos: enfrentamos a personas a nuestro alrededor que quieren convencernos de dejar de soñar, que "pongamos los pies sobre la tierra", que nos "dejemos de cosas". Y el camino que Palimón siguió para llegar a encontrar su PANACEA, es el mismo camino que nosotros debemos caminar para encontrar nuestra PANACEA; una capacitación personal, un desarrollo de relaciones personales con aquellos que nos ayudarán a encontrar nuestra PANACEA, a concretar los objetivos y metas, a proponer soluciones, a pagar el precio que el camino al éxito nos va a requerir.

Ya sea en el campo de los negocios, o bien puede ser en el campo del hogar; todos los que tenemos un sueño y luchamos para hacerlo realidad, al igual que Palimón, estamos en busca de una PANACEA. No es una poción mágica, no es una frase con palabras poderosas, ni es un tesoro escondido en lo profundo del mar; es mucho más sencillo que eso.

PANACEA es la respuesta a cada reto que enfrentamos, es la solución a cada problema, es la llave que abrirá la puerta destruyendo el obstáculo y encaminándonos al cumplimiento de nuestro sueño.

Al leer la historia de Palimón, éste se convierte en tu amigo. Caminarás junto a él mientras enfrentas los retos, y escucharás cómo responde a cada uno de ellos, y en el proceso te identificarás con su lucha, con su sueño y con su determinación. Y finalmente, te darás cuenta que Palimón eres tú mismo en tu búsqueda de conquistar tu sueño, de encontrar tu propia PANACEA.

Rubén Lozano Fuentes

Derechos reservados.
Ninguna porción de este libro puede ser
reproducida sin el permiso por escrito de
***Editorial* RENUEVO**.

primera edición revisada- 2000 copias - 07/2010
segunda edición revisada - 2000 copias - 04/2012
tercera edición revisada - 2000 copias - 05/2013

Esta edición fue impresa en los
Estados Unidos de América
en los talleres de

Editorial RENUEVO
4630 W Jacquelyn Ave Ste 130
Fresno, CA 93722